MÚSICA FÁCIL

Rose Marie Paulette Lehmans y Lezama

TEORIA DE LA MÚSICA

M

U

I

C

A

EL FUNDAMENTO
PARA TODO MUSICO
y para todo aquel que quiera serlo

L

I

C

A

*COMPENDIO CLARO Y OBJETIVO PARA
COMPRENDER LA MUSICA Y APRECIARLA MEJOR*

Para realizar pedidos de este libro, contacte con:
Palibrio LLC
1663 Liberty Drive
Suite 200
Bloomington, IN 47403
Gratis desde EE. UU. al 877.407.5847
Gratis desde México al 01.800.288.2243
Gratis desde España al 900.866.949
Desde otro país al +1.812.671.9757
Fax: 01.812.355.1576
ventas@palibrio.com
524141

Preguntas como estas y más tendrán explicación y aplicación Fácil y Sencilla en este libro.

¿Qué es ritmo? 53
¿Qué es Melodía? 51
¿Qué es Armonía? 52
¿Qué es un tresillo? 47
¿ Que es la armadura? 29
¿Qué es un silencio? 34 y 37
¿Cuántos valores hay? 32
¿Qué es una batuta? 42
¿Qué son los Modos? 64
¿Qué es un Tetracorde 67
¿Qué es un accidente? 62
¿Qué es una partitura? 21
¿Qué es una escala Griega? 93
¿Qué es el Indice acustico? 48
¿Qué es el rango de voces? 49
¿Para que sirven las casillas? 78
¿Cuál es el origen de las notas? 24
¿Qué es un tono y un semitono? 60-61
¿Cómo se forma una escala Mayor 65
¿Cómo se forma una escala menor? 74
¿Qué es el Compas y como se mide? 40
¿Qué es la música y como se escribe? 13-22
¿Qué es el pentagrama y como leerlo? 25
¿Qué es un diapasón y para que sirve? 57
¿Qué es el sonido y que cualidades tiene? 17
¿Qué es un acento en términos musicales? 53
¿Qué es la plica para que sirve y como se usa? 51
¿Qué es una Ligadura y que efecto provoca? 46
¿Qué es una escala musical y como se forma? 65
¿Qué es una Clave, para que sirve y como se usa? 26,27
¿Qué son los Matices, Dinámicas y como aplicarlos? 54

Prologo

En este libro he reunido el conocimiento
básico de la música en general.

Espero que le brinde horas y años de placer, ya que estos
conocimientos permitirán comprender la música más fácilmente
y aflorará su propia creatividad para interpretar o apreciar
cualquier tipo de música.

Años de estudio, análisis y empeño han sido dedicados en
este libro para dar un camino fácil a seguir en el aprendizaje de
la música y la lectura a primera vista.

No importa el ámbito en que se desarrolle musicalmente,
estas bases teóricas forman *el cimiento* para cualquiera que ame
la música y desee conocerla mejor o interpretarla.

La música es un idioma e igual se aprende, conocer "su
alfabeto" es suficiente para poder leer, escribir y tocar algún
instrumento. La música, con práctica se domina fácilmente. El
conocimiento de sus reglas es concreto y muy lógico. No
importa el instrumento al que se dedique, esta *Teoría de la
música* le dará el cimiento claro y objetivo para comprender todo
su entorno.

Con Todo cariño el autor:
Rose Marie Paulette Lehmans y Lezama
bluerose333@live.com

Nota:

Al Alumn@ que inicia en la música o algún instrumento musical, aprender a
leer música y conocer todos sus símbolos y escritura mediante este libro, le dará el
conocimiento suficiente y claro para inclusive llegar a dominar el bello arte del piano. (Si
esa fuera su meta, este inicio es el correcto.)

Índice

LA MUSICA

LA MUSICA ES EL IDIOMA UNIVERSAL
Una de las Bellas Artes y la más polifacética.

La Música no tiene fronteras y es al ser humano como el sol que ilumina, la energía que da gozo, motor de creatividad, la expresión del Alma, el hablar del Espíritu y es como agua fresca que reanima los sentidos.

La música es todo un arte, es el arte de combinar los Sonidos con los Silencios, La Música tiene el poder de movernos, de motivarnos a realizar acciones y a comportarnos de cierta manera según su ritmo y forma. Los sonidos invaden nuestra mente y nos llevan a su esencia comunicándonos mensajes interiores que no tienen palabras sino acción y reacción.

Dependiendo su ritmo, los sonidos nos invitan a descansar, a reflexionar, a luchar, a soñar, a bailar y hasta a sufrir o sentir miedo intriga o suspenso. La Música nos ayuda a olvidar las penas, nos evade, nos transporta, llena nuestra mente con sus sonidos y el ritmo nos mueve o nos relaja.

La música **es exacta,** se rige bajo leyes de armonía en simetría y cadencia, aprender música es igual que aprender un idioma, se escribe por medio de signos y sus formas y expresión esta en tan solo 7 notas.

El ser humano y la música….
La música y el ser humano.

La música es 'Caricias al alma'

La música es el sentimiento sin palabras que del ser humano brota de su interior en sensaciones de amor, ideales, sueños o angustias, relatos y fantasías, lucha o descanso.

Así por instinto el hombre ha buscado siempre la forma de expresar sus sentimientos, experiencias, sensaciones o dolor por medio de la música, infinidad de recursos encuentra el ser humano para crear instrumentos de todo tipo forma y voz. Primitivamente comenzó con golpear objetos sonoros como troncos ahuecados carapachos de animales o pieles tensadas, para producir sonidos rítmicos y acompasados imitando el tam tam del corazón. Al soplar los carrizos descubrió la flauta de sonidos dulces melodiosos y muy expresivos, al tensar pieles las percusiones de diferente sonido y toque, también tenso cuerdas que acopladas en maderas o metales, producían sonoridades armoniosas de muy diversos efectos.

Desde la Legendaria Grecia, con sus rudimentarias Liras (cuerdas tensadas firmemente a un carapacho de tortuga) como lo hizo Hermes (o Mercurio para los Romanos). Se producían sonidos que acompañaban las voces que en aquel entonces contaban acontecimientos románticos, o importantes historias.

Pitágoras nacido en la isla de Samos Grecia allá por los 500 antes de Cristo más o menos 580) famoso científico filosofo y matemático a quien se le atribuye el descubrimiento de las tablas de multiplicar, del sistema decimal y del reconocido teorema del cuadrado de la hipotenusa, en filosofía afirmo:

El Número es el principio de todas las cosas.

Pitágoras descubrió que el tono de la nota creada por una cuerda estirada está relacionado con la longitud de la misma y si las longitudes utilizadas están en proporciones simples como 3 a 2 ó 4 a 5 entonces las notas que suenan están en armonía. Este principio es el fundamento de todos los instrumentos de cuerda y los de aliento, solo que en este caso es la columna de aire, la que determina por el grosor y largo su sonido y color.

La culminación, proceso y perfeccionamiento de estos instrumentos ha llevado muchos siglos y aun hay más! Hoy por hoy la electrónica es el recurso supremo para imitar y crear hasta lo inconcebible.

SONIDO

El sonido son las ondas sonoras que nuestro oído percibe. Hay sonidos que resultan agradables y placenteros al oído humano, y otros que son desagradables e incluso molestos, a estos últimos ordinariamente se les denomina ruidos.

Entre los sonidos agradables y placenteros al oído humano se encuentran algunos sonidos de la naturaleza como son el canto de las aves, el sonido del agua que fluye por arroyos y ríos, el sonido de las hojas de los árboles agitadas por el viento, el sonido de las olas y rompientes del mar y el aire al soplar con fuerza.

El ruido, entre los sonidos que resultan desagradables o molestos al oído humano estarían, por ejemplo, el choque de dos automóviles, el golpeo de una mesa con la mano o el choque de una piedra con otro objeto, etc.

Los sonidos más agradables y placenteros al oído humano son por excelencia los sonidos producidos por los instrumentos musicales empezando entre ellos con la voz humana, nuestro instrumento integrado y el más bello.

Todo sonido se produce por medio de la percusión y la vibración de dos o más objetos y se propaga en el espacio por medio de los sólidos líquidos o gaseosos. El aire permite la transmisión de los sonidos si no hubiera aire el oído humano no los podría percibir.

El sonido viaja a velocidades diferentes dependiendo de la naturaleza y características del medio en que se transmita. En el Aire el sonido viaja a 340 metros por segundo. En el vacío el sonido no se transmite. Cuando el sonido tropieza con un obstáculo fijo más o menos denso, el sonido se refleja y produce el llamado ECO.

CARACTERISTICAS DEL SONIDO

El Sonido, tiene 3 características esenciales:
ALTURA, INTENSIDAD y TIMBRE.

La Altura del sonido corresponde a la entonación, emitir sonidos altos (sopranos) o emitir sonidos graves (Bajos) esto es, por el número de vibraciones del mismo.

Al percutir un cuerpo sonoro, algo hueco como un carrizo, un tronco o un bote, o golpear una piel de animal tensada en un aro o carapacho de animal como los tambores, panderos etc. se percibirán sonidos mas o menos gruesos o delgados, también las cuerdas tensadas y sujetas a los extremos de diversas medidas como en el arpa, o los violines, guitarras, etc. emitirán sonidos vibrantes y dulces.

Si las vibraciones son muchas el sonido será muy agudo, alto chillón, si las vibraciones son menos el sonido será grueso, grave y profundo.

La Intensidad del sonido se refiere a la amplitud de las vibraciones por el cuerpo sonoro que las emite, si se golpea fuerte o suave. O se grita o habla quedito, Si el cuerpo emisor es pequeño el sonido será suave, (flautín) si es grande su sonido será fuerte (tuba)

El Timbre es la voz del sonido, se refiere a su color y resonancia un angelito cantara dulcemente, una bruja cascado y opaco.

La forma del instrumento determinara su voz, el ancho o el largo, sus curvas y dimensión harán la diferencia en su sonido, al soplar, el movimiento vibratorio de la columna de aire, emitirá sonidos suaves y ensoñadores al igual que nuestra garganta emite la voz cuando el aire pasa a través de nuestras cuerdas vocales, resultando voces claras y dulces u obscuras y graves.

Los Armónicos: Cualquier sonido emitido, producirá sus armónicos, o sea, tonos relativos al mismo. Por ejemplo. Al escuchar el sonido Do el primer sonido que se escuchara inmediatamente después será el *Do de su octava alta,* después el *Sol,* y así sucederán el *Do Mi Sol Si b Do Re Mi Fa# Sol La Si b Si natural (becuadro) y Do.*

Una pregunta inevitable es: como existe la escala musical?
Porque de entre todas las frecuencias entre los 16 Hz. Y los 20
Khz. que puede detectar nuestro oído, resultaron estos sonidos
como una escala musical?

Nuestro oído capta lo agradable y lo desagradable, y en base a ello se concluyó por estudios y observación.

En realidad, lo importante son los cocientes entre frecuencias y no la frecuencia en si. Dadas dos frecuencias, f1 y f2, importa mas el cociente f1/f2, que el valor absoluto de f1 y f2. El valor absoluto va a ser importante para afinar dos instrumentos entre si. Este tema es extenso interesante y no fácil de abordar en este libro, pero en concreto puedo decir que existen consonancias o sea sonidos agradables a nuestro odio, que por alguna razón de nuestra psiquis, son sonidos que mejor van a funcionar para fabricar una escala musical para lograr la mayor combinación de consonancias entre las frecuencias seleccionadas.

Así la escala musical de los 7 sonidos concluyo a través de estudios profundos. Desde antes de Pitágoras y el mismo, quien ''midiendo'' y calculando, comparando y escuchando determino la relación de los sonidos.

Vincenzo Galilei padre de Galileo Galilei, observo y determino que a su vez se dividen en 12 sonidos en total, Bach lo aterrizo en su "Clave bien temperado" asentando la teoría, pudiendo ir de una tonalidad (escala) a otra sin distorsionar con el cambio de los sonidos, y estar limitado a una sola tonalidad.

Hay otras escalas usadas en la música occidental y otras culturas como la Hindú y la China que usan más o menos notas en sus escalas y diferentes escalas también así como micro tonos emitidos por sus instrumentos de cuerda propios de esas regiones.

BIENVENIDOS AL
MARAVILLOSO MUNDO
DE LA MUSICA

LAS NOTAS

SON SOLO 7 SIETE NOTAS
las que forman la Escala Musical
DO   RE   MI   FA   SOL   LA   SI (Ti)

Tan solo son 7 sonidos de los que se forman 12 semitonos iguales (semitonos) y al combinar estos sonidos entre voces, tiempos, valores, armonías y ritmos, se crea la música de cualquier estilo.

Las Voces altas y bajas determinan el matiz de los sonidos y con estas se forman las melodías.

El Compás y los Valores formarán los ritmos y con las Armonías se podrán forman las mas bellas Canciones, Danzas, Valses, Marchas, Himnos, Conciertos Operas y demás formas musicales que la humanidad ha disfrutado a través de la historia y que hacen de la música la más bella expresión del Ser Humano y una de las artes mas energizantes tanto en ejecución como en el manejo de las emociones.

Las notas se identificaran por medio del Alfabeto.

Comenzando con la nota **La**

A   B   C   D   E   F   G

LA   SI(Ti)   DO   RE   MI   FA   SOL

COMO PRONUNCIAR
LAS NOTAS y SU FONETICA

Al decir las notas por el abecedario, se pronunciaran en Ingles así:

ei	bi	si	di	i	ef	yi
A	B	C	D	E	F	G

Así la nota Do "sonara" como si, y fonéticamente se confunde, por eso a la nota Si se le llamara Ti.

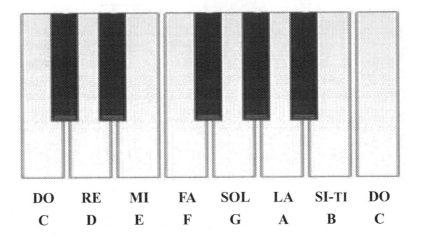

DO	RE	MI	FA	SOL	LA	SI-TI	DO
C	D	E	F	G	A	B	C

Iniciamos con la nota Do pues es la escala blanca, sin ningún accidente, así se inicia la escala de 7 notas y cada Do iniciara una nueva escala, resultando así 7 veces en cualquier teclado de un piano. Los teclados de los pianos inician en la nota LA y terminan en la nota Do normalmente aunque hay sus excepciones según el fabricante.

PARTITURA
ESTO ES UNA PARTITURA

*Así se escribe la música y permite a través de los siglos
Interpretarla tal cual el compositor la concibió.*

Joy to the World

*Por medio de la escritura musical se han conservado bellísimas
obras de hace 4 o 5 siglos atrás que hoy podemos disfrutar.*

ESCRITURA MUSICAL

La música se escribe por medio de signos,

Al igual que cualquier idioma, existe un alfabeto musical, en este caso son signos y bolitas que son las notas. Cada uno de estos signos indicará algo diferente permitiendo leerla e interpretarla aun través del tiempo sin importar el idioma o la latitud, pues la Música es <u>El Idioma Universal.</u>

La melodía dará paso a las voces, que con las armonías y el ritmo determinarán el carácter de la obra para realizar con ella desde una simple canción, hasta un bello concierto o Sinfonía. La práctica y la constancia, escribirla e interpretarla darán la facilidad necesaria para disfrutar del gozo personal que significa hacer música.

La música se escribirá en un papel especial que se llama Pautado con el cual quedara por siempre lista para ser interpretada por todo aquel que sepa leer este idioma.

Los signos, símbolos y notas se colocaran en la pauta o encima o abajo de ella, sobre las notas es fácil y lógico.

Esto es una PAUTA o PENTAGRAMA

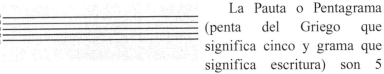

La Pauta o Pentagrama (penta del Griego que significa cinco y grama que significa escritura) son 5 líneas paralelas colocadas a la misma distancia. Las notas, son unas bolitas que se colocaran dentro de cada espacio o en medio de la línea, esto es muy importante, al no ser asi habra confusion y se perderia totalmente la idea. Así el intérprete podrá expresar exactamente lo que el compositor quiso decir en su momento, comunicar su idea, el mensaje o la historia que entre los sonidos de la orquesta en las symphonias o conciertos y con las voces en la Opera se quiere dar a disfrutar. Los sonidos invadirán el ambiente dándonos momentos maravillosos que solo la música puede lograr en su mundo maravilloso de sonidos y silencios.

Un detalle de suma importancia en la escritura musical es la colocación de notas en la pauta, estas deben ir justo en su espacio o línea, sino es así, pierden claridad y la confusión cambiará totalmente la idea.

LAS NOTAS, ORIGEN DE SU NOMBRE

Guido DÁrezzo, (Paris, d.c. nacio en 995 - Avellano, y murio en el 1050), Monje Italiano de la orden de San Benito, alrededor del año 1000 fue el inventor del orden de las notas musicales y se basó en el inicio de cada frase de un himno en honor a San Juan Bautista.

UT queant laxis	Para que puedan
Resonare fibris	Cantar libremente
Mira gestorum	Tus maravillosas hazañas
Famuli tuorum	Estos tus siervos
Solve Polluti	Limpia la mancha
Labii reatum	Del pecado en nuestros labios
Sancte **I**ohannes	¡Oh, San Juan!

UT, RE, MI, FA, SOL y LA eran solo 6 al principio luego se añadió la nota SI por las iniciales de Sancte Iohannes. Como la palabra UT resultaba difícil de pronunciar, se cambió por DO siendo la primera sílaba de Dominus por Giovanni Maria Bonocini en 1673, quedando así el sonido mas abierto.

Estos 7 sonidos o tonos, se dividen en 12 semitonos iguales que son los que contienen cada octava del teclado de un piano los cuales se repiten 7 veces en la mayoría de los pianos, algunos tienen 8 octavas pero son muy pocos. Beethoven tenía uno de ellos.

Johan Sebastián Bach cuya vida recomiendo conocer, fue llamado "El Padre de la Música" por la grandeza de su obra y la importancia tan grande que ésta legó a la humanidad. Su "Clave bien Temperado" es el cimiento que cualquier músico necesita conocer por interesante y básico.

PAUTA O PENTAGRAMA

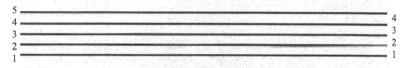

Pentagrama del Griego Penta 5 y Grama escritura.
Cinco líneas paralelas y equidistantes.

LAS NOTAS EN LA PAUTA

Las notas se colocaran entre los espacios
y en medio de las lineas así:

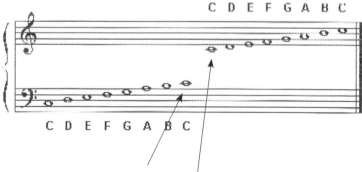

El Do central esta arriba de la pauta en la clave de Fa y se tocara con el pulgar izquierdo.

Y cuando esta debajo de la pauta en la clave de Sol se tocara con el pulgar de la mano derecha

CLAVES

La Clave es la que le da nombre a las notas, se usa para diferentes instrumentos y tesitura de voz, se coloca al inicio de cada pauta y por la línea en la que esta colocada, la nota llevara su nombre.

Existen 3 Claves diferentes **Sol**, **Fa** y **Do**

SOL   FA en   FA en   DO en   DO en   DO en   DO en
    4a. línea 3a. línea 1a. línea 2a. línea 3a. línea 4a. línea

También para trasportar la música a otro tono.

Al ser la Clave la que le da su nombre a la nota en este ejemplo se puede apreciar claramente que si la clave es Do, la nota en esa posición se llamara igual Do. La Clave de Sol será para los sonidos altos (agudos) y la de Fa para los sonidos bajos (graves).

La Clave de Sol será para la mano Derecha, sonidos altos o agudos.

 La Clave de Fa para la mano Izquierda y será para los sonidos bajos o graves.

CON ESTA CLAVE LA NOTA   CON ESTA CLAVE LA NOTA
SE LLAMARA   FA   SE LLAMARA   SOL

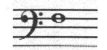

Y DE AHÍ SUBIRAN O BAJARAN UNA A UNA LAS NOTAS
DE LA ESCALA. ESPACIO LINEA ESPACIO LIENA.

Aquí La Clave de Sol va regir las demás notas, si suben serán
Sol La Si Do Re etc...

y si bajan serán Sol Fa Mi Re Do etc.

Con la Clave de Fa será
así: Fa seguirá Sol La Si
Do etc..... Y al bajar será
Mi Re Do Si etc....

Observemos
ahora las notas escritas
en las líneas y entre
los espacios en Ambas
Claves

Siendo la misma
escritura su nombre
cambia por la clave.

PENTAGRAMA Y TECLADO

Cada nota colocada en la pauta representa una nota del teclado.

Identificar las notas en la pauta es solo cuestión de práctica.

Utilizaremos el teclado del piano para ilustrar visualmente las notas en el pentagrama y poderlas asociar con ambas manos, partiremos siempre <u>del Do central</u> del piano, la mano derecha tocara las notas agudas y la mano izquierda las notas graves. Aunque ambas manos podrán en un momento dado cruzarse entre si dada la composición de la obra o para efectos de interpretación. Observemos la relación entre sí de la Escritura y el Teclado

A partir del Do central
La clave de Sol será para la mano derecha
Y la de Fa para la Izquierda

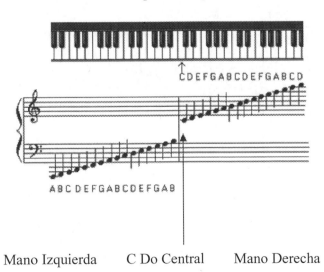

Mano Izquierda   C Do Central   Mano Derecha

Cada voz o instrumento tendrá una pauta.

 Y se unirán con un corchete para indicar que tocaran juntas

ARMADURA

Se llama armadura al conjunto de Clave Tonalidad y Compas y se colocara siempre al inicio de cada pauta.

TONALIDAD

La Tonalidad se indica por medio de los # *sostenidos o b bemoles* que tiene cada escala.

DO CENTRAL

El Do Central es el mismo para la mano derecha y para la mano izquierda.

Observa su posición en la escritura. El que esta escrito en la clave de Fa se

tocara con el pulgar de la mano Izquierda y con el pulgar de la mano derecha el escrito en la clave Sol.

Cada una de estas notas se tocará con un dedo diferente.

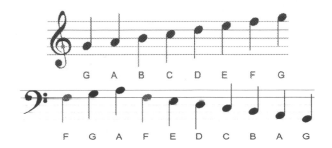

Memorizar las notas en ambos sentidos será un buen principio.

La asociación de ideas permite comprender más
fácil el nuevo conocimiento, así como cualquier
problema en general. Asociemos el abecedario con las
notas empezando de La y todo será muy fácil.

A	B	C	D	E	F	G
LA	SI_{TI}	DO	RE	MI	FA	SOL

Estudiar las notas de derecha a izquierda

y de izquierda a derecha, facilitará mucho las cosas.
Comenzado por Do, después por Re, después por Mi, Fa, Sol
La, Si y esa habilidad se reflejara en el estudio y comprensión
de escalas, acordes así como en la ejecución desde una simple
canción hasta un bello concierto.

Animo no es difícil, solo se necesita practica, como un trabalenguas, así de fácil.

La Si Do Re Mi Fa Sol La
La Sol Fa Mi Re Do Si La

A B C D E F G A
A G F E D C B A

LINEAS ADICIONALES

Las líneas adicionales son las que se escriben ''afuera de la Pauta'' para continuar escribiendo los sonidos mas altos o mas bajos. Para evitar muchas líneas que volverían confusa la lectura, utilizaremos el signo llamado de octava que nos indicará tocar una octava más alta o más baja según este colocado.

Las líneas adicionales deben colocarse paralelas y equidistantes a la misma pauta para evitar confusiones en la lectura.

SIGNO DE OCTAVA

Para evitar muchas líneas adicionales en la escritura musical, cuando la frase se deba interpretar una octava más alta se colocara el signo de octava, que es un 8----------- seguido de una línea punteada para indicar hasta donde lo afectara. Cuando esta escrito encima es octava alta si se escribe abajo será octava baja. Si ambas manos bajaran, se colocaría el signo en las dos pautas, o sea en ambas manos.

VALORES DE LAS NOTAS

Las notas son bolitas redondas cuya figura les dará su valor. Serán blancas o negras y con un palito llamado Plica, y una, dos, tres, o cuatro banderitas.

La única que no tiene plica será la Unidad.

Todas ellas irán colocadas entre los espacios y/o a través de las líneas de la pauta para poder reconocerlas.

Siete son los Valores al igual que serán 7 sus respectivos silencios.

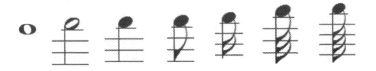

Al escribirlas es importante hacer las bolitas siempre
DEL MISMO TAMAÑO

Observar que para cada valor, corresponde un silencio que ocupara su tiempo de igual manera.

Estos Valores ya sea en sonido ya sea en silencio, darán los ritmos y expresión deseada de la composición.

El valor más ínfimo determina la orquestación perfecta, si faltara o sobrara alguno rompería la estructura de la obra. Así que tener en cuenta que cada valor y cada silencio tienen su exacto lugar en la composición será el éxito de una buena interpretación.

Los ritmos se crean combinando estos Valores y Silencios

La secuencia o interrupción de los sonidos crearan los ritmos que con diversos instrumentos darán colores a la música. Desde nuestra propia garganta, manos o pies o con instrumentos improvisados con piedrecillas en un recipiente como guajes o cáscaras de coco así como tensando cuerdas en carapachos de armadillos o tortugas o troncos ahuecados o tensar pieles sobre marcos rígidos creando así infinidad de instrumentos de percusión. De los carrizos secos de los lagos y arroyos nacieron las flautas y de las cuerdas restiradas según su largo y su grosor las Citaras y Arpas que son abuelitas de las guitarras y el piano.

VALORES Y SILENCIOS

Relación de los Valores y Silencios:

Al ser la Música Sonidos y Silencios ambos tiene la misma importancia

Así que conocer ambos signos es vital para lograr ritmos y melodías sin fin. Para dar el ritmo a la música se combinan estos valores y silencios que se representan así:

Combinándolos permitirá crear nuevos ritmos y expresiones.

La Música es exacta así que en cada compas debe haber el mismo valor que marca el compas no importa si es con una sola nota o con 64. Sean sonidos o sean silencios, cada compas debe contener la medida exacta en cada pauta.

Unidad	Mitad	Cuarto	Octavo	16 avo.	32avo	64 avo
o	𝅗𝅥	𝅘𝅥	𝅘𝅥𝅮	𝅘𝅥𝅯	𝅘𝅥𝅰	𝅘𝅥𝅱

Para cada valor hay un silencio

𝄻	𝄼	𝄽	𝄾	𝄿	𝅀	𝅁
La Blanca o Unidad vale los 4 tiempos Del Compas y su sonido durará todo el compas	La Mitad que vale 2 tiempos durará dos tiempos del compás.	El Cuarto que vale 1 tiempo y durará un tiempo en cada compás	El Octavo o Corchea que vale ½ tiempo y serán dos notas por tiempo.	El 16avo. o doble corchea que vale ¼ de tiempo y serán 4 notas por tiempo.	El 32avo. O triple corchea que vale 1/8 de tiempo y serán 8 notas por tiempo	El 64avo. O cuádruplo corchea y vale 1/16 de tiempos y serán 16 notas por tiempo
		Cuando la nota se escribe solita se le ponen las banderitas o 'Corchetes' pero si son dos o más notas se les unirá con una línea.				

VALORES ESCRITOS EN CADA COMPAS

 La Unidad es como su nombre lo indica la que llena el compás, esto en música quiere decir que el sonido o el silencio se mantendrán durante los 4 tiempos que dure el compás.

 La Mitad será una nota blanca con plica que durara 2 tiempos y su silencio igual.

 El Cuarto será una nota negra con plica que durará un tiempo.

 El Octavo será una nota negra con plica y una banderita y durará medio tiempo.

 El 16avo. Será una nota negra con dos banderitas y durará un cuarto de tiempo.

El 32avo. Será una nota negra con tres banderitas y durará un Octavo de tiempo.

 El 64avo. Será una nota negra con cuatro banderitas que durará un 16avo de tiempo.

Observemos como se escriben en cada compas.

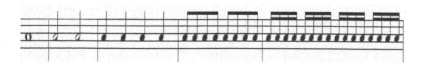

La Unidad se leerá Ta-o-a-o contando cuatro tiempos.
La Mitad se leera Ta-o contando dos tiempos para cada nota.
El cuarto se leera Ta contando un tiempo para cada nota.

El octavo se leera Ti ti y serán dos notas en cada tiempo.
El 16avo. se leera Ti ri ti ri diciendo cuatro notas en cada tiempo.

El 32 avo. se leera Tiri tiri tiri tiri diciendo ocho notas en cada tiempo del compas.

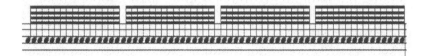

El 64avo. se leera Tiritiri tiritiri tiritiri tiritiri diciendo 16 notas en cada tiempo.

Así concluimos que:

La unidad es una nota en el compás de 4/4

La mitad; 2 notas en cada compás

El cuarto caben 4 notas en cada compás

El 1/8 caben 8 notas en todo el compás

El 16avo. Caben 16 notas en cada compás

El 32avo. Caben 32 notas en cada compás

El 64avo. Caben 64 notas en cada compás

VALORES

Sub division de los valores

Observemos en esta pirámide como se van partiendo en dos cada valor:

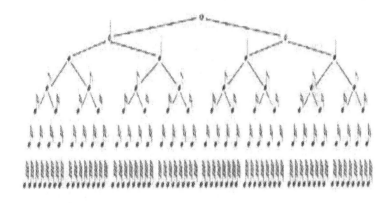

La Unidad se parte en dos y así cada una a su vez igual 7 veces. Los Valores y Los Silencios son de igual importancia en la música. A cada valor existe un silencio que lo representa. (La siguiente grafica, por falta de espacio no están los silencios de 32avo. Ni 64avo. Pero es lo mismo que con los valores).

SILENCIOS

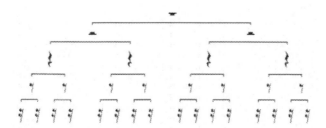

GRAFICA DE VALORES Visto de otra forma, ilustrado con un enfoque diferente esta grafica, puede ayudar a la comprensión clara y lógica de los valores de las notas de la tabla anterior.

Al igual que una Pizza vamos a dividir la Unidad y bajo el compás de 4 por 4 las notas tendrán su valor.

Una nota por compás
La nota se dirá: o sea, el sonido durara los 4 tiempos.

La Unidad o
Redonda

Ta o a o
1 2 3 4

Vale 4
tiempos

Dos notas por compás
Cada nota se dirá:

La Mitad o Blanca

Ta o   Ta o
1 2   3 4

Vale 2
tiempos
cada una

Cuatro Notas por compás
Una nota por Tiempo
1 Ta
2 Ta
3 Ta
4 Ta

El Cuarto o negra

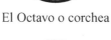

Vale 1
tiempo
cada una

Ocho notas por compás.
Dos notas por Tiempo
1 Titi
2 Titi
3 Titi
4 Titi

El Octavo o corchea

Vale mitad
de un
tiempo
cada una

16 notas por compás.
Cuatro notas por Tiempo
1 Tiritiri

2 Tiritiri

3 Tiritiri

4 Tiritiri

El 16 avo. o Semi-
corchea (o doble
corchea)

Vale ¼ de
tiempo
cada una

32 notas por compás
Ocho notas por Tiempo
1 Tiritiri
Tiritiri
2 Tiritiri
Tiritiri
3 Tiritiri
Tiritiri
4 Tiritiri
Tiritiri

El 32 avo. o Fusa
(o triple corchea)

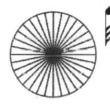

Vale 1/8 de
tiempo

64 notas por compás
16 notas por Tiempo
1 Tiritiri
Tiritiri
Tiritiri
Tiritiri

2 Tiritiri
Tiritiri
Tiritiri
Tiritiri

3 Tiritiri
Tiritiri
Tiritiri
Tiritiri

4 Tiritiri
Tiritiri
Tiritiri
Tiritiri

El 64avo o Semifusa
cuádruple corchea

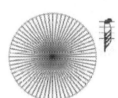

Vale 1/16
de tiempo

LINEAS DE COMPÁS

Se llama línea de Compás a la línea que
divide la pauta en partes iguales.
La Música es exacta y cada compás contendrá el mismo

valor que indica en la
armadura al inicio de
la obra no importando
la cantidad de notas

sino el valor de las mismas, si un compas es de 2/4
Cada compás contendrá 2 notas de un cuarto, o una nota de
medio. O 4 notas de octavo o 8 notas de 16avo. Etc. Etc.

COMPÁS

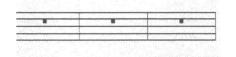

El compás es el signo
numérico que encuentra
a la derecha de la clave 4/4 o ¾ o 2/2
y puede ser también una letra C o una C partida

Los Compases pueden
ser: Binario o Ternario,
Simples o Compuestos

El número de arriba indicara cuántas notas tendrá
cada compas y el número de abajo su valor.
Los compases más usuales son de 2 tiempos,
(Marchas, Himnos, Danzas).
De 3 tiempos (los Valses, Jazz Vals Baladas,) y de 4 tiempos
(Boleros, Cumbias Polkas (cortado en 2) Swing, Blues, etc.
de ahí se derivan muchos más 3/2   3/8   6/8   12/8
Valses rápidos, Huapangos etc. etc.
Todos estos enriquecen la música de mil maneras.

El compás se puede cambiar a media composición
simplemente colocando un nuevo signo.

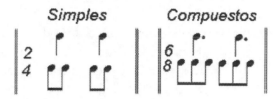

BATUTA

y/o Marcar el Compás

Batuta es una varita que usan los directores de orquesta como una extensión de su dedo. Puede ser de marfil, madera, plástico grafito ctc. ctc. es del largo de su brazo y con ella indicara un sin fin de cosas a los músicos; Primeramente marcara el compás, también que instrumento entra en ese momento, o la fuerza de expresión del mismo así como matices, y efectos relativos a la interpretación. La Batuta es símbolo de orquestación, control, conocimiento y dirección. Su significado es enorme excelso y admirable. portar una batuta… no cualquiera... en el estudio musical batuta se dice a marcar el compás.

Para marcar el compás será siempre como un relojito, preciso y constante, el compás de 2/4 que se marcara así.

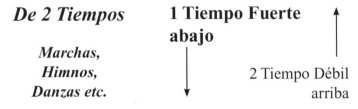

De 2 Tiempos

Marchas,
Himnos,
Danzas etc.

1 Tiempo Fuerte abajo

2 Tiempo Débil
arriba

El compás de ¾ se marcara así:

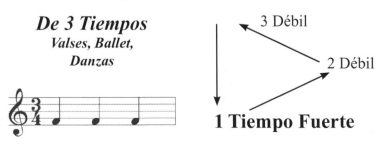

De 3 Tiempos
Valses, Ballet,
Danzas

3 Débil

2 Débil

1 Tiempo Fuerte

De 4 Tiempos

El compás de 4/4 o C se marcara así.
Abajo **Tiempo Fuerte 1,**

Izquierda débil 2 Derecha Fuerte 3 Abajo débil 4

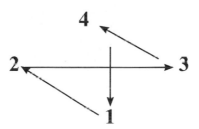

Canciones, Boleros Bailes etc. Se puede cambiar de compás
a media obra tan solo marcando el compás nuevamente.

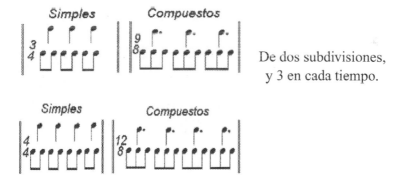

De dos subdivisiones,
y 3 en cada tiempo.

COMPASES COMPUESTOS

Los Compases compuesto son derivados de los simples.
Todo compás compuesto se marcara como el simple del
que es original. Por ejemplo: 2/4 que es un compás simple
y se combina con uno de 3/4 resultara uno de 6/8.

O sea, se multiplicaran entre si resultando compuesto. (Valses
rápidos, Huapangos por ejemplo)

2/4 x ¾ = 6/8
los números de arriba se
multiplican entre si y los de abajo se suman, resultando
6/8 que serán dos grupos de 3 notas de octavo cada grupo.

Son Compases Compuestos, cuando son divisibles entre tres
6/8   9/8   12/8
Para encontrar el Compás simple de un compás compuesto
hay que dividir el numero de arriba (Numerador) entre
3 y el numero de abajo (denominador) entre 2.
Ej.: 12/8 el 12 entre 3 igual 4 el ocho entre 2 igual 4 total= 4/4

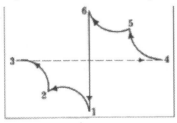

El compás de 6/8 se marcara así,
con base binaria, o sea Marcha,
Dos tiempos Abajo, Arriba.
Fuerte, Débil, Un, Dos. Pero 3 en
cada tiempo.

El de 9/8 igual pero en base ternaria, o sea Vals, Tres tiempos
Abajo 1, 2,3 Derecha 1, 2,3 Arriba 1, 2,3

El de 12/8 se marcara igual en base de 4/4,   Abajo 1, 2,3
Izquierda 1.2.3 Derecha 1, 2,3 Arriba 1, 2,3

PUNTILLO

Un punto delante de cualquier nota aumentará la mitad de su
valor y se escribirá siempre a la derecha de la nota.

Observemos esta gráfica:

El Medio que equivale a dos tiempos, ahora por el punto a su derecha valdrá tres tiempos.

El Cuarto que equivale a un tiempo, ahora por el punto a su derecha valdrá tiempo y medio.

El Octavo que equivale a medio tiempo, ahora por el punto a su derecha valdrá tres medios tiempos.

Se puede utilizar un segundo puntillo que resultara el aumento de ¾ del valor de la nota.

Ejemplo:

PUNTILLO de DISMINUCIÓN

Existe otro puntillo.
El de disminución y dará el efecto de Stacatto, se colocara
sobre o bajo la nota y le QUITARA LA MITAD DE SU VALOR

La nota que vale un tiempo, ahora por
el punto valdrá medio tiempo.

LIGADURAS

HAY DOS CLASES DE LIGADURA

*LA LIGADURA DE UNIÓN Y LA LIGADURA DE ESTILO O
FRASEO*

La Ligadura de Unión Une en un solo valor dos notas del
mismo nombre y sonido   Sol Sol Sol Sool   Sol Sol Sol
O sea: La 2a. nota ligada
no se tocará

Pero seguirá sonando por el
valor del tiempo marcado.

La ligadura de Estilo o de Fraseo

Une varias notas
en una frase

TRESILLO

El Tresillo es la división Ternaria de una figura y en vez de una nota serán 3 unidas por una grapa o arco y el no. 3 en medio, decir triniti para medirlo fácil.

El Quintillo cho co la te ro;
Los Seisillos Cho co la te ri to.
El Septillo Cho co la te re te ro;
El Octillo Cho co la te re te ri to

**Valor de Unidad en
división ternaria.**

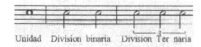

Unidad Division binaria Division Ter naria

**De mitad en
división ternaria.**

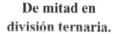

Mitad division binaria division ter naria

De Cuarto en división ternaria

Cuarto division binaria division ter naria

SINCOPA

Este sonido se articula en tiempo débil del compás y se prolonga al fuerte.

CONTRATIEMPO

El contratiempo como su nombre lo indica se articulara en el tiempo débil del compás, pero NO SE PROLONGARA AL TIEMPO FUERTE, y lo precederá: Ver ejemplo en la segunda parte de esta obra.

INDICE ACÚSTICO

Cada escala del teclado es un Índice, así a partir de cada DO iniciara un Índice acústico que indicara la Altura tonal. Se representará con un número pequeño que se colocará a la derecha de la nota.

Observación: el Do 4 es el Do Central, *La Escala central.*

 la clave indica con que mano deberá tocarse o sea, la Clave sol mano derecha la clave de Fa mano Izquierda.

RANGO DE LAS VOCES

La Voz humana tiene 4 Voces básicas que son:

Soprano Contralto Tenor Bajo

La Soprano los sonidos altos, Contra alto sonidos medio grave, Tenor sonidos graves medios, Bajo sonidos graves.

Existen tambien otras Voces o Coloraturas, como: Mezzo Soprano sonidos medios altos,

Baritono sonidos medios bajos, y muchas mas pero derivadas de las 4 principales

El Siguiente es un ejemplo de como se escribe cada voz en la pauta.

JUEGO DE VOCES. Sobre la Melodía de la pagina 21 veamos ahora como se añaden las voces:

Joy to the World

Como pueden observar, las voces son las mismas notas del acorde, estas Voces subirán y bajaran entre si, regidas siempre por las reglas de la Armonía, mismas que hay que conocer muy bien para lograr obras de calidad.

PLICA

La plica es el palito que se le coloca a las notas y no importa si se escribe hacia arriba o hacia abajo cuando es una melodía para una sola voz o instrumento.

Cuando es a dos voces SI importara si va hacia arriba o hacia abajo pues esto determinara el canto de la voz Soprano (hacia arriba) y la voz de Contra alto (hacia abajo).

En la clave de Fa igual, la plica hacia arriba será el tenor y la plica hacia abajo será el bajo.

MELODÍA

La Melodía es la sucesión de diferentes sonidos expresando una idea, cuando tiene palabras, dá el mensaje directo, aunque los sonidos por si solos expresen los sentimientos elocuentemente.

La música es Melodía Armonia y Ritmo.

La música "tiene poder", un poder mas allá de lo aparente, la música expresa muchas cosas al mismo tiempo y el ser humano se motiva por la música con la música y para la música, La música oxigena los sentidos, con la música expresamos nuestro estado de animo y la podemos crear con nuestro propio cuerpo sin necesidad de instrumentos musicales, con la garganta podemos emitir toda clase de sonidos podemos hacer diferentes efectos, voces y ruidos, silbando, chasqueando los dedos, palmeando complementar con ritmos y dinámicas con los pies, manos y cuerpo.

Se puede añadir el ritmo y cadencias creando infinidad de estilos y modismos. Claro, el recurso de los instrumentos será el acompañamiento perfecto.

La Música es "Un Lenguaje sin Palabras, son Caricias al alma" es el Lenguaje Universal por excelencia, el lenguaje que nos comunica de inmediato entre todas las naciones dándonos la idea, desde los primeros melismas. De inmediato podemos reconocer si nos va a poner a bailar (Danzas, Valses, Minuetos), a cantar (Operas, Canciones, Lieds), a soñar, (Ballet, Suites, Overturas), o a luchar (Himnos, Marchas).

Interpretar cualquier instrumento será una de las actividades más edificantes a las que pueda dedicarse cualquier ser humano y es digno de reconocimiento el interesarse en algo que será para su beneficio en todos sentidos, Mental Físico y Económico, ya que en el sentido mental, sus penas se irán con esas notas que al expresarlas, se llevan los recuerdos que danzando en el aire se purifican y nos dejan una sensación de paz, de calma, y contento. En el sentido físico nos mantiene ocupado el cerebro ideando siempre algo nuevo y así la vejez no nos alcanzará tan rápido. Y en el sentido económico puede llegar a ser una fuente de ingresos muy productiva claro con los años, estudiando mucho mucho mucho y dominando el arte al que se ha dedicado.

ARMONIA

Musicalmente hablando, es la combinación de sonidos simultáneos, acordes bien concertados entre si.

Es el arte de entrelazar los sonidos agradablemente concordantes a nuestro oído.

Y también es la ciencia que conduce cada grado del acorde, entre reglas y excepciones, para que resulten agradables a nuestros sentidos.

La armonía, en su nombre conlleva equilibrio, correspondencia, unión, proporción, concordia, afinación, ajuste, cadencia, es ligar muchas cosas en un todo perfecto

Así, hablando de Música, es la combinación de los grados de la escala de forma correcta y armoniosa.

Cada sonido produce sus propios tonos armónicos, esto es las notas del acorde.

Si la nota es Do su armonía será el acorde completo en octava.

Do Mi Sol Do , las 4 voces. (Bajo, Tenor, Alto y Soprano).

Cada acorde de la escala tiene sus propios armonicos.

RITMO

El Ritmo es la combinación de los sonidos y los silencios, solos o en grupos, con o sin acento.

ACENTO

Hay diferentes clases de acentos y estos determinaran totalmente la idea de la composición. Veremos por lo pronto los dos principales.

El acento métrico que es el que hace sentir el 1er tiempo del compás así como la 1ª nota de cada grupo binario o ternario con más fuerza que los otros tiempos.

El acento Rítmico es el que recae sobre determinado sonidos o notas importantes para resaltar la idea con claridad.

MATICES O DINAMICAS

Los Matices o Dinámicas muestran la forma de tocar pasajes o movimientos de la composición, fuerte o suavemente, lo que dará a la interpretación calidad y sentimiento.

El énfasis *forte* se expresara con una *f*
para suave *piano p*
para mucho más suave *pianissimo pp*
para remarcar un pasaje   *sforzando sf*

y muchos mas…

También se usan dos triángulos llamados ''reguladores'' estos triángulos indican aumentar o disminuir la intensidad en el toque de las notas para interpretar con mas intención ese compás o compases que lo tengan.

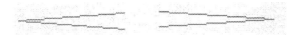

Hay muchos más que detallare en la 2ª parte de esta teoría.

TEMPO o MOVIMIENTO

El Tempo o movimiento se marcara siempre al principio de la obra y es el grado de velocidad en que se interpretara la misma.

LENTO indicara que se tocara muy despacio.
    ADAGIO = despacio
        ANDANTE = con naturalidad como andando.
            ALLEGRO = aprisa   PRESTO = muy aprisa.

Hay muchos más que detallare en mi 2ª parte de esta teoria.

AUTOMATIZACIONES

"Automatizar" es aprender de memoria de tal modo que no se tenga que pensar en ello para decirlo.

DO	RE	MI	FA	SOL	LA	SI	DO
DO	SI	LA	SOL	FA	MI	RE	DO

C	D	E	F	G	A	B	C
C	B	A	G	F	E	D	C

Automatizar (memorizar totalmente) los nombres de las notas en 3ª 4ª 5ª 6ª y 7ª as, facilitara la lectura a primera vista, la escritura, la composición y la ejecución de cualquier obra.

Notas por 3as escritas en las líneas:

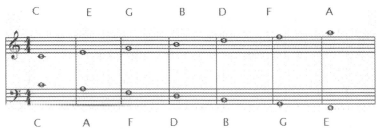

Notas por 3as escritas en los espacios:

Por Quintas: DO SOL RE LA MI SI FA DO
              C G D A E B F   C

y al revés: DO FA SI MI LA RE SOL DO
              C F B E A D G   C

Por Sextas   DO LA FA RE SI SOL MI DO
              C A F D B G E   C

                DO MI SOL SI RE FA LA DO
              C E G B D F A   C

También ensayarlas por Cuartas y Séptimas.

DIAPASÓN

Diapasón, del griego *día* a través, y *pason* de las notas.

Es un pequeño instrumento de acero en forma de horquilla que sirve para dar el sonido La-A4 que corresponde a 440 vibraciones por seg.

Y con el se afinan voces e instrumentos.

INTERVALOS

Intervalo es la distancia que existe entre un grado (o sonido) y otro y también es la diferencia de su entonación

Al pasar la octava, serán intervalos compuestos y se llamaran:

Escritos los veremos así:

O así.
Y se abreviaran de la
siguiente manera:

El Justo por una *J;*
El Mayor por una *M Mayúscula;*
El Menor por una *m minúscula;*
El Disminuido **dim.** o por el signo de grados °
El Aumentado, **A, Aum.** o por un signo de +

Ejemplo:
Una tercera Mayor será *3ª M*
Una Quinta Justa será *5ª J*
Una Cuarta Aumentada será *4ª Aum o +*

El No. 7 después de la nota (**A7**) indicara que es un intervalo de 7ª al igual que con todos los demás intervalos **G9** una 9ª **C13** una 13ª etc.etc. Así de fácil y lógico son los intervalos, sin embargo hay que saber que cada uno de estos tendrá diferentes modalidades y esto ya no será tan fácil.

Los intervalos de 2ª 3ª 6ª 7ª son intervalos Mayores y podrán ser menores, Aumentados, Doble aumentados Disminuidos y doble disminuidos, Nota: si el aumentado sube ½ medio tono, el doble aumentado subirá un tono.

El Intervalo de 4ª de 5ª y de 8ª son intervalos justos y podrán ser aumentados doble aumentados, disminuidos o doble disminuidos.

Observación:
Los intervalos mayores pueden ser menores aumentados y disminuidos. Cualquiera intervalo puede ser aumentado o disminuido doble aumentado o doble disminuido.

Los intervalos que rebasan la octava serán justamente *al revés.*
si sumamos un intervalo simple mas su inversión, dará 9 siempre.

Al Invertir una 1ª de una 8ª (1+8=9)
     una 2ª y una 7ª (7+2=9)
     una 3ª y una 6ª (6+3=9)
     una 4ª y una 5ª (5+4=9) y al revés lo mismo.
     una 5ª y una 4ª (4+5=9)
     una 6ª y una 3ª (6+3=9)
     una 7ª y una 2ª (7+2=9)
     una 8ª y una 1ª (8 1 1=9)

Al invertir los intervalos resulta al contrario:

Observemos esto:

Los Justos quedaran siempre Justos.
Los Mayores serán menores.
Los menores serán Mayores
Los Aumentados disminuidos
Los disminuidos aumentados
Los doble disminuidos doble aumentados
Los doble aumentados doble disminuidos

"contar por medio tonos" los intervalos facilitara memorizarlos.

Por ejemplo: entre Do y Sol que es una 5ª Justa , se marca la 5ª
y contaremos 6 semitonos, así reconocer una quinta Justa sobre
cualquier nota, será fácil y rápido. Igualmente todos los intervalos.

Las 2as tendrán un semi tono en medio.

Las 3as tendrán 3 semitonos en medio.

Las 4as tendrán 4 semitonos en medio.

Las 5as 6 semitonos en medio

Las 6ª tendrán 8 semitonos en medio.

Las 7ª tendrán 9 semitonos en medio.

Las 7ª Mayor tendrá 10 semitonos en medio.

 Ojo!
Las 7ª son **un tono** antes de la Octava.

Las 7ª Mayor, son **medio tono** antes de la octava.

TONO

Tono es la altura del sonido y también es la distancia mayor entre dos grados conjuntos.

entre la nota Do y la nota Re hay un tono de distancia.

SEMITONOS

Semitono es la distancia menor que hay entre un sonido y otro. MI_FA y SI_DO son los dos semitonos *naturales* de la escala, o sea, no tienen nota negra en medio.

Hay dos clases de Semitonos, pueden ser Diatónicos o Cromáticos.

SEMITONOS CROMATICOS

Es semitono Cromático cuando la nota es del
mismo nombre ***Mi Mib***

SEMITONOS DIATONICOS

Es semitono diatónico cuando la nota
es de diferente nombre Fa Sol b

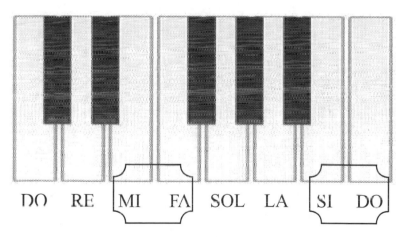

Como podemos observar las 7 notas del teclado están
formadas por un grupo de ***dos*** y ***tres*** notas negras.

así resultan dos notas blancas juntas, estas ***dos notas blancas
juntas*** son los ***semitonos naturales*** de la escala que son:

Mi a Fa y Si a Do.

ACCIDENTES

Se llama accidente al signo que se  colocara siempre antes de la nota para indicar que el sonido sube, baja o es natural.
Si el sonido sube se utilizara este: # que significa Sostenido. Si el sonido baja se utilizara el bemol una simple b, y si alguna alteración dada en la tonalidad fuera natural se utilizara el signo natural o b cuadro que las anula.

Los 12 semitonos se escriben así: sostenidos al subir bemoles al bajar

Cuando un sonido asciende se usa el signo de # sostenido (sharp) y subirá medio tono la nota. Do a Do#

Cuando el sonido baja (desciende) utilizaremos el signo de b bemol (flat) que bajara medio tono la nota Fa a Fa b (que seria Mi)

El natural o becuadro ♮ los anula.

ENARMONÍA

Una misma nota puede tener nombre diferente al ser afectada por un Sostenido o un Bemol. así el Do # puede también ser Re bemol y es la *misma nota con nombre diferente.* Cuando el sonido tenga *nombre diferente, se la llama Enarmonía.*

*MISMA NOTA,
DIFERENTE
NOMBRE.*

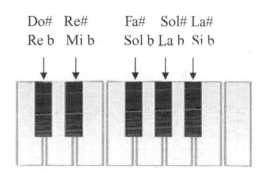

ESCALA CROMÁTICA

Se le llama Escala Cromática a la sucesión inmediata de cada sonido

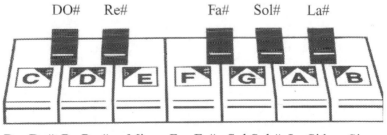

Y se escribirá así:

Do Do# Re Re# Mi Fa Fa#Sol Sol# La La# Si Do Si Si b La Lab Sol SolbFa Mi Mib ReReb Do

MODOS

Las escalas pueden ser *mayores o menores* y a esto se le llamara modo. Asi tendremos modo Mayor y modo menor.

Ambas escalas tendrán los mismos accidentes
pero su *patrón o estructura* será diferente.
aprenderlo será muy fácil

SISTEMA TEMPERADO

La División de los sonidos en 12 semitonos iguales es el
" Sistema Temperado"

En el teclado del piano no se considera la diferencia natural que existe entre un semitono diatónico y un semitono cromático.

ESCALA MAYOR

ESTRUCTURA O PATRON

Escala es la sucesión de las 7 notas continuas.
Do Re Mi Fa Sol La Si Do
Esto es lo que llamamos Escala Mayor de Do y se hace en todos
y cada uno de los tonos del diapasón, 12 en total obteniendo así
24 Escalas entre Mayores y menores.)

La estructura de la *Escala Mayor tiene el siguiente PATRON
formado por los tonos y semitonos que contiene.*
Ilustraré como tono la ''sonrisa'' y como semitono la ''tristeza''

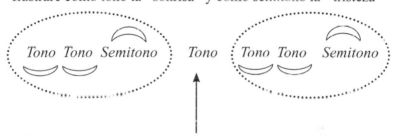

 Observación: Entre los dos Tetracordes siempre debe
haber un tono
De Do a Re la distancia es de un tono;
de Re a Mi de un tono;
de Mi a Fa Semitono;
de Fa a Sol un tono;
de Sol a La un tono;
de La a Si un tono;
y de Si a Do Semitono.

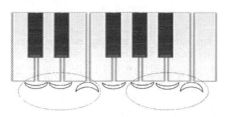

Escrito lo veremos así:

GRADOS DE LA ESCALA

La Tonalidad es el tono que rige al funcionamiento de los demás tonos de las escala y en el lenguaje musical se le llamará la raíz.

Será fácil reconocer los grados de la escala memorizando el nombre de cada uno de ellos.

y, los cifraremos con los Números Romanos.

I	II	III	IV	V	VI	VII
Tónica	Supertónica	Mediante	Sub Dominante	Dominante	Súper Dominante	Sensible
C	D	E	F	G	A	B
DO	RE	MI	FA	SOL	LA	SI

CADA GRADO DE LA ESCALA TIENE DIFERENTE PRIORIDAD

Veamos la Escala Mayor de Do

Tónica   Supertónica Mediante Subdominante Dominante Superdominante Sensible y Tónica

LA ESCALA DIATONICA

Diatónico significa que esta formado de tonos y semitonos.
La Escala Diatónica se clasifica en 3 grupos:

MODALES	TONALES	ATRACTIVOS
III VI	I V IV	VII II IV

TETRACORDES

Tetracorde sera:
los 4 dedos juntos de cada mano, SIN USAR LOS PULGARES

Ya vimos que las Escalas Mayores constan de:

TONO TONO SEMITONO   TONO   TONO TONO SEMITONO

Recordando esta fórmula se podrá encontrar cualquier escala
Mayor a partir de cualquier nota blanca o negra obteniendo así la
Escala de esa nota.
Tetracorde inferior, mano izquierda y superior, mano derecha

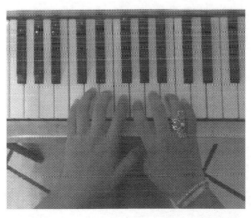

El tetracorde Bajo o Inferior   Y el Tetracorde Alto o Superior
    DO RE MI FA   *SOL LA SI DO*

Comenzamos por la Escala de C ó Do porque es la Escala Blanca, como podemos observar no tiene ninguna alteración y a partir de ella se construyen las demás.

Para formar la siguiente escala se colocará la mano izquierda, donde quedó la derecha, y la derecha tocará las notas siguientes **pero el 7o sonido** o sea el cuarto dedo, subirá medio tono y será # (sostenido) Así se formó la escala de Sol.

Siguiendo este principio se construyen todas las escalas Mayor por medio de #

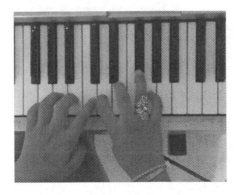

Tocar los tonos repetidas veces diciendo su nombre hasta que al decirlos no tengamos que pensar en ellos y entonarlos, será el ''pan de cada día'' para todo músico, así podrá identificar muy bien los sonidos con sus oídos y sentirlos en su garganta.

(Aunque no sea cantante, el estudiante obtendrá un buen entrenamiento).

Observación:
          Tan solo colocando sus dos manos juntas (sin los pulgares) sobre las notas, sus dedos meñiques quedaran en la misma nota y esa será la nota de la cual se creara la Escala Mayor.

Recuerden la Formula: tono tono semitono, tono tono semitono, quedando un tono en medio de ambas manos.

TETRACORDES POR SOSTENIDOS

enlace ascendente por #

Resumen:

La escala de **Do** no tiene accidentes su armadura será sin accidentes.

5 notas blancas arriba Sol (su quinto grado) la escala de **Sol**, **tendrá un** # que es su 7o. grado ascendido.

5 notas blancas arriba Re (su quinto grado) lo mismo,**Re tendrá 2 #, Fa** que ya estaba y el 7o. grado que sera .

5 notas arriba de Re sera La.

La tendrá tres # los 2 anteriores mas el nuevo 7o. grado ascendido

5 notas arriba de La sera Mi.

Mi **tendrá 4 #,** los tres anteriores y el nuevo 7o. grado.

5 notas arriba de Mi será Si,

Si **tendrá 5** #, los cuatro anteriores y el nuevo 7o. grado.

5 notas arriba de Si es Fa#

C # **tendrá 6 #,** los cinco anteriores y el nuevo 7o. grado.

5 notas arriba de C# será G#.

ASI SE ESCRIBIRA LA ARMADURA DE LAS ESCALAS MAYORES POR

C   G   D   A   E   B   F#   C#

VISTO DE OTRA FORMA

Do						
Sol	Fa #					
Re	Fa#	Do#				
La	Fa#	Do#	Sol#			
Mi	Fa#	Do#	Sol#	Re#		
Si	Fa#	Do#	Sol#	Re#	La#	
Fa#	Fa#	Do#	Sol#	Re#	La#	Mi#
Do#	Fa#	Do#	Sol#	Re#	La#	Mi#	Si#

El orden de los sostenidos siempre sera el mismo
FA DO SOL RE LA MI SI (asi se colocaran siempre en la pauta)

Observacion:
Para saber facil y rapido una tonalidad, **solo pensar en la nota siguiente** al ultimo accidente, o sea: si el ultimo accidente es sol sostenido, la escala sera La.

Gráficamente se ve más claro:

						#	
SOL	LA	SI	DO	RE	MI	FA#	SOL
RE	MI	FA#	SOL	LA	SI	DO#	RE
LA	SI	DO#	RE	MI	FA#	SOL#	LA
MI	FA#	SOL#	LA	SI	DO#	RE#	MI
SI	DO#	RE#	MI	FA#	SOL#	LA#	SI
FA#	SOL#	LA#	SI	DO#	RE#	MI#	FA#
DO#	RE#	MI#	FA#	SOL#	LA#	SI#	DO#

TETRACORDES POR BEMOLES

enlace descendente por b

Lo mismo sucederá en la construcción de las escalas con bemoles. Pero será <u>descendentemente.</u>

Ahora partiremos del Do central cinco grados **hacia abajo** o sea hacia la izquierda y **pondremos la mano derecha donde estaba la izquierda** y la izquierda la bajaremos a las notas siguientes. En este caso será **el 2o dedo de la mano izquierda el que baje medio tono.** OJO ahora es el 2o. de la mano izquierda el que baja medio tono.

ARMADURAS CON BEMOLES

Así Partiendo de Do que no tiene accidentes, su Quinto grado hacia abajo será Fa que tendrá **un bemol**, la siguiente 5a. nota para abajo será Sib y su 4° grado Mi

que se hará bemol ahora y tendremos 2 bemoles, así
sucesivamente aparecerán todas las demás escalas.

F   Bb   Eb   Ab   Db   Gb   Cb

Do						
Fa	Sib					
Si b	Sib	Mib				
Mi b	Sib	Mib	Lab			
La b	Sib	Mib	Lab	Reb		
Re b	Sib	Mib	Lab	Reb	Solb	
Sol b	Sib	Mib	Lab	Reb	Solb	Dob
Do b	Sib	Mib	Lab	Reb	Solb	Dob	Fab

El orden de los bemoles siempre sera el mismo
SI MI LA RE SOL DO FA

b

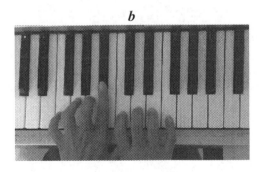

 Observación:
      Para encontrar rápido una tonalidad:
El penúltimo bemol es la tonalidad.
O sea, si el ultimo bemol es Mi b la tonalidad será Si b

El 2° dedo de la mano izquierda es el que baja en lo bemoles.

			b				
FA	SOL	LA	SIb *(Su)*	DO	RE	MI	FA
SIb	DO	RE	MIb *(Mu)*	FA	SOL	LA	SIb
MIb	FA	SOL	LAb *(Lu)*	SIb	DO	RE	MIb
LAb	SIb	DO	REb *(Ru)*	MIb	FA	SOL	LAb
REb	MIb	FA	SOLb *(sul)*	LAb	SIb	DO	REb
SOLb	LAb	SIb	DOb *(du)*	REb	MIb	FA	SOLb
DOb	REb	MIb	FAb *(Fu)*	SOLb	LAb	SIb	DOb

Coloque sus manos una encima de la otra, ahora vean como el índice de la mano izquierda queda encima del anular de la mano derecha y esos son los que alteran cada nueva escala. Interesante no?

ESCALAS MENORES

Hay Tres formas de Escalas menores:

La Natural,   La Armónica,   y   La Melódica.

Cada Escala menor se forma igual que su **Mayor de la cual es relativa** y es porque **tendrá los mismos accidentes.**

Las Escalas menores se encontrarán bajando **tono y medio** del Tono Mayor o sea **3 semitonos** atrás. Ejemplo: Do Mayor 3 semitonos abajo da La. Así La será relativa menor de Do.

O visto de otra forma, sube al sexto grado y encontraras su escala menor. Ejemplo: Do Mayor, su 6ª grado será La. De ahí inicia su escala menor **Y** ambas tendrán los mismos accidentes.

Las escalas menores Naturales se tocaran igual que la Mayor pero comenzando 3 semitonos abajo (o en su sexto grado)

Las escalas menores Armónicas, *Ascenderá su 7° grado medio tono*. Esta es la más usual.

Las escalas menores Melódicas suben de una forma y bajan de otra. al ascender el 6o y 7o grados ascenderán ½ tono y al descender bajara sin ellos.

El Patrón de la Escala menor ARMONICA, consta de
Tono, semitono, tono tono semitono, tono y medio y semitono.

La escala **menor Natural** se tocara igual que su Mayor relativa Do.

La escala **menor Armónica** subirá el 7° grado ½ tono produciendo tono y medio entre el 6° y 7° grado.

La escala **menor Melódica** sube con los grados 6° y 7° ascendentes y BAJA NATURAL.

ESCALAS MAYORES y menores

TABLA DE RELATIVIDAD
Escalas por Sostenidos Mayor y menor relativa

C mayor sin accidentes su menor relativa   A menor.
G mayor (1 sostenido) su menor relativa   E menor.
D mayor (2 sostenidos) su menor relativa   B menor.
A mayor (3 sostenidos) su menor relativa   F# menor.
E mayor (4 sostenidos) su menor relativa   C# menor.
B mayor (5 sostenidos) su menor relativa   G# menor.

Escalas por Bemoles

F Mayor (1 bemol) su menor relativa   D menor.
Bb Mayor (2 bemoles) su menor relativa   G menor.
Eb Mayor (3 bemoles) su menor relativa   C menor
Ab Mayor (4 bemoles) su menor relativa   F menor
Db Mayor (5 bemoles) su menor relativa   Bb menor
Gb mayor (6 bemoles) su menor relativa   Eb menor.

LENGUAJE PARA EL SOLFEO

Para efectos de canto, cuando se aprende a solfear, este lenguaje facilitara mucho las cosas, Inclusive aun no siendo cantante, el aprendizaje de las escalas será más preciso y efectivo para el estudiante y al ejecutante apoyara la memoria.

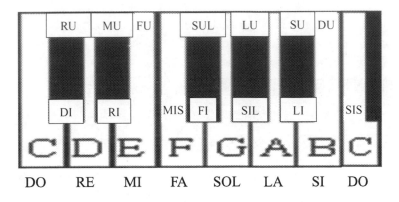

Observacion:

Los sonidos que suben, o sea SOSTENIDOS, se llamaran con i y a los sonidos que bajan o sea BEMOLES, serán con u.

Sostenidos	DI	RI	MIS	FI	SIL	LI	SIS
Escala de Do C	DO	RE	MI	FA	SOL	LA	SI
Bemoles	DU	RU	MU	FU	SUL	LU	SU

De esta manera al aprender y cantar las escalas será mas fácil y preciso, puesto que al estudiar "visualizando" (tratando de verla con los ojos cerrados) , se aprende mejor y para siempre.

Veamos ahora esta gráfica que nos permitirá aprender "como el perico" cada escala y sus accidentes.

Observemos que en las escalas que se forman por sostenidos, en cada nueva escala es el séptimo grado el que sube medio tono, o sea el 4° dedo de la mano derecha (ver Escalas por Tetracordes).

ESCALAS SOLFEADAS EN SOSTENIDOS

						#	
SOL	LA	SI	DO	RE	MI	FA *(Fi)*	SOL
RE	MI	*FI*	SOL	LA	SI	RE *(Di)*	RE
LA	SI	*DI*	RE	MI	*FI*	SOL *(Sil)*	LA
MI	*FI*	*SIL*	LA	SI	*DI*	RE *(Ri)*	MI
SI	*DI*	*RI*	MI	*FI*	*SIL*	LA *(Li)*	SI
FI	*SIL*	*LI*	SI	*DI*	*RI*	MI *(Mis)*	FI
DI	*RI*	*MIS*	*FI*	*SIL*	*LI*	SI *(Si)*	*DI*

ESCALA SOLFEADA CON BEMOLES

El 2° dedo de la mano izquierda es el que baja en lo bemoles.

			b				
FA	SOL	LA	SIb *(Su)*	DO	RE	MI	FA
SU SIb	DO	RE	MIb *(Mu)*	FA	SOL	LA	*SU*
Mu MIb	FA	SOL	LAb *(Lu)*	*SU*	DO	RE	*MU*
Lu LAb	*SU*	DO	REb *(Ru)*	*MU*	FA	SOL	*LU*
Ru REb	*MU*	FA	SOLb *(sul)*	*LU*	*SU*	DO	*RU*
Sul SOLb	*LU*	*SU*	DOb *(du)*	*RU*	*MU*	FA	*SUL*
Du DOb	*RU*	*MU*	FAb *(Fu)*	*SUL*	*LU*	*SU*	*DU*

BARRAS DE REPETICION

Para indicar que una frase se repetirá utilizaremos
dos líneas juntas y dos puntitos en medio.

CASILLAS:

Para no escribir muchas veces lo mismo, se utilizan estas
casillas, pues normalmente es el ultimo compas el que cambia
y así al llegar al final de esa frase la primera vez se toca la que
tendrá el no. 1 y la 2ª vez el no. 2 y continuar con el siguiente
tema.

Casillas:

DOBLE BARRA

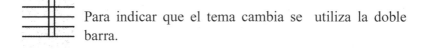

Para indicar que el tema cambia se   utiliza la doble
barra.

BARRA FINAL

Para finalizar una obra se colocaran dos líneas juntas y se llamara 'doble barra final'.

CALDERON O FERMATA

 Este signo en forma de semicírculo y un punto al centro, se coloca encima de la nota o silencio que deseamos prolongar su duración más de lo que representa, o sea una pausa que afecta el Tiempo sin romper el compás a discreción del ejecutante.

PARRAFO

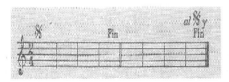

Este signo indica la repetición de un fragmento musical, se colocara al final de la frase y al principio de donde se repetirá.

CODA

Estos signos indican la parte final de la obra, cuando aparecen quiere decir que hay que 1°, regresar a cierta frase (que también tendrá ese signo) para que al llegar al otro signo ''saltar'' a la parte final.

TRINO

Cuando sobre una nota aparece el signo del trino significa que ambas notas se tocaran una y otra rapidamente conservando el valor indicado.
O sea redore e.

Resolución o Terminación especificada.

En este caso se tocara el do primero y luego el si haciendo el trino y terminando en el do.

En el segundo ejemplo, se rematara con do re mí.

CIRCULO POR QUINTAS

El Círculo de Quintas facilitará la memorización de las Escalas.

El círculo de Quintas nos enseña la relación directa entre los diferentes tonos y esta gráfica nos ayuda para analizar las escalas y su composición.

Ya vimos como se construyen las escalas por medio de los Tetracordes, ahora con ésta gráfica vamos a reafirmar ése conocimiento. Partiremos del C (Do) por ser la escala natural (o sea sin notas negras) POR QUINTAS y como las manecillas del reloj hacia la derecha con Sostenidos.

Así a las 12 esta Do, a la 1 Sol, a las 2 Re, a las 3 La, a las 4Mi, a las 5 es Si y a las 6 es Fa #.
A las 11 es Fa, a las 10 es Bb, a las 9 Eb, a las 8 Ab, a las 7 Db, a las 6 Gb homónima de Fa# (ver en armonía pag. 49)

Hacia la izquierda con bemoles en contra de las manecillas el sonido baja.

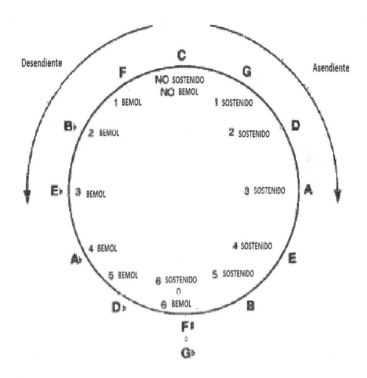

Como punto importante de análisis, ''sucede'' que cerca de Do están el Sol y el Fa que son los grados importantes de la Armonía

I V IV O sea la Cadencia perfecta!

Partiendo de cualquiera de los tonos sucederá el mismo efecto y así se encontraran los grados correspondientes a cada tono, a la derecha suya el Dominante V y a su izquierda el sub dominante IV

Circulo por Quintas Mayores y menores

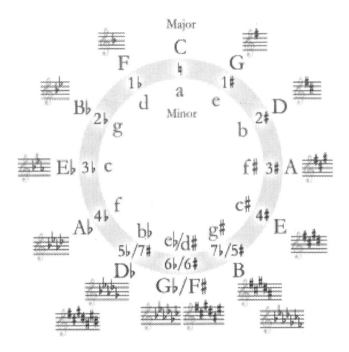

Observemos ahora: Las Escalas Mayores están en el círculo afuera y dentro del círculo están las menores relativas (que tendrán los mismos accidentes que su mayor).

ACORDES

Un Acorde se forma de dos o más notas al mismo tiempo.
Hay varias clases de Acordes, Mayores, menores,
Aumentados, Disminuidos, Aumentados de Sexta, de
Séptima, de Novena-Oncena-Trecena-Quincena etc. Etc.
Empezaremos con el Acorde Mayor como base y que
está formado por **TÓNICA TERCERA Y QUINTA**
(La Tónica o Raíz, su Tercera Mayor y Quinta Justa o Perfecta)

ESTE ES EL ACORDE DE DO

Tónica el Do C,	Tercera el Mi E,	Quinta el Sol G.
Tónica	Mediante	Dominante

Y se escribirá así en el Pentagrama

Cada nota generara un acorde cuyo nombre será el de esa nota.

Para formar un acorde se coloca la primera nota que será la
Tónica y a partir de ahí se le añadirá una tercera M y una
quinta Justa. Si la nota inicia en línea todas estarán en línea,
si inicia en espacio todas irán en espacio, al teclado simplemente
se tocará una nota si y otra no.

 (Si observas la escritura veras que todas las notas de un acorde quedan
todas en líneas o en espacios)

Una forma fácil de recordar esta estructura será **subir 4 semitonos de la raíz** y llegamos a Mí

Ahora subimos **3 semitonos** y llegamos a Sol.
En total **7 semitonos** del Do al Sol

Formula; Un acorde Mayor se forma de:
Tónica mas 4 mas 3 semitonos.

I   II   V

Con este Patrón formar un acorde Mayor **a partir de cualquier nota blanca o negra** será fácil e infalible.

ARPEGIOS

El Arpegio es el mismo acorde solo que se tocara cada nota por separado y se escribirá así o así:

ACORDES NATURALES DE
LA ESCALA MAYOR

en todos los tonos

Por la estructura natural del teclado y los dos semitonos naturales que existen entre el E y F y entre B y C cada uno de los grados de la Escala Mayor tendrá *un modo diferente*.

Así veremos que el I, IV y V siempre serán Mayores. El II, III, y VI siempre serán menores, el 7o. grado siempre será Disminuido, **observen**

KEY	I Mayor	II menor	III menor	IV Mayor	V Mayor	VI menor	VII dim.
C	C	Dm	Em	F	G	Am	B dim
Db	Db	Ebm	Fm	Gb	Ab	Bbm	C dim
D	D	Em	F#m	G	A	Bm	C# dim
Eb	Eb	Fm	Gm	Ab	Bb	Cm	D dim
E	E	F#m	G#m	A	B	C#m	D# dim
F	F	Gm	Am	Bb	C	Dm	E dim
Gb	Gb	Abm	Bbm	Cb	Db	Ebm	F dim
G	G	Am	Bm	C	D	Em	F dim
Ab	Ab	Bbm	Cm	Db	Eb	Fm	G dim
A	A	Bm	C#m	D	E	F#m	G # dim
Bb	Bb	Cm	Dm	Eb	F	Gm	A dim
B	B	C#m	D#m	E	F#	G#m	A # dim

Importante:

Tomar en cuenta que las escalas enarmonicas -*misma nota diferente nombre*- como los son **Db C# - Eb D# - F# Gb - Ab G# Bb A#** - son la misma escala solo que con nombres diferentes por los accidentes que la forman.

Observemos: El I, el IV y el V grado de toda escala Mayor forman un ACORDE MAYOR El II, el III, y el VI, forman un ACORDE menor Y el VII grado siempre formara un acorde disminuido.

ACORDE MENORES

I   ii   iii   IV   V   vi   vii⁰

Los acordes menores se forman bajando la tercera nota del acorde Mayor medio tono. su estructura es:

Tonica mediante menor y Quinta justa.

pensando en semitonos contar a partir de la tonica, tres semitonos arriba (mi b) y 4 semitonos mas arriba la

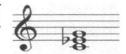

Dominante (sol) formula 3 mas 4.

 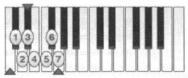

En otra tonalidad igual:

Bb   Bbm

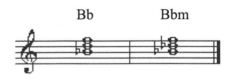

PATRON ESCALAS menores

La forma fácil de formar el acorde menor es partiendo del Acorde Mayor, bajando medio tono el Tercer dedo.

Comparemos esta gráfica de Acordes de ambas escalas, los de la Escala Mayor siempre seran asi; El 1°. Mayor El 2°. menor El 3° menor, El 4°. Mayor, El 5°. Mayor, El 6°. menor y el 7° disminuido.

Y los acordes de toda escala menor seran; el 1°. menor el 2°. disminuido, el 3°. aumentado, el 4°. menor, el 5°. Mayor, el 6°. Mayor y el 7°. disminuido

Teoria Resumen:
El patron estructura de toda escala Mayor sera:
Tono Tono Semitono Tono Tono Tono Semitono.

Y el de la escala menor Armonica, la mas usua sera:
Tono Semitono Tono tono Semitono Tonoymedio Semitono.

Formula;

Acorde Mayor 4 +3 = Do Mi Sol
Acorde menor 3 +4 = Do Mib Sol.

ACORDES NATURALES
DE LA ESCALA menor

KEY	I menor	II dim.	III +	IV menor	V Mayor	VI Mayor	VII dim.
Cm	Cm	Ddim	Eb+	Fm	G	Ab	B dim
Dbm	Dbm	Ebdim	F+	Gbm	Ab	Bb	C dim
Dm	Dm	Edim	F#+	Gm	A	Bb	C# dim
Ebm	Ebm	Fdim	Gb+	Abm	Bb	C	D dim
Em	Em	F#dim	G+	Am	B	C	D# dim
Fm	Fm	Gdim	Ab+	Bbm	C	Db	E dim
F#m	F#m	G#dim	A+	Bm	C#	D	E# dim
Gm	Gm	Adim	Bb+	Cm	D	Eb	F# dim
Abm	Abm	Bbdim	Cb+	Dbm	Eb	Fb	G dim
Am	Am	Bdim	C+	Dm	E	F	G #dim
Bbm	Bbm	Cdim	Db+	Ebm	F	Gb	A dim
Bm	Bm	C#dim	D+	Em	F#	G	A #dim

ACORDE AUMENTADO + o Aug

El Acorde aumentado se forma
subiendo medio tono la Quinta del acorde
Formula; Tonica mas 4 mas 4 semitonos.

ACORDE DISMINUIDO ⁰ ó dim

El Acorde disminuido se forma
del Acorde menor 'bajando'
medio tono la Quinta del acorde,
o contando de 3 en 3 semitonos a
partir de la tónica.

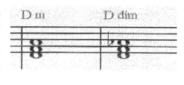

Formula; Tonica mas 3 mas 3 semitonos.

ACORDE DE SÉPTIMA

El Acorde de Séptima se forma
Bajando **un tono** la Octava nota del acorde
o contando 3 medios tonos arriba de la Quinta.

Formula; Tonica mas 4 mas 3 mas 3 semitonos.

SEPTIMA DISMINUIDA

Se forma de 3 en tres o sea, 3 medios tonos de distancia entre cada nota del acorde.
Re, 3 medios tonos arriba, Fa 3 medios tonos arriba, Lab 3 medios tonos arriba, Si.

Formula; Tonica mas 3 mas 3 mas 3 semitonos

ACORDE DE SEPTIMA MAYOR

El acorde de Séptima Mayor, se forma *MEDIO TONO* ANTES DE LA OCTAVA.

Formula; Tonica 4 mas 3 mas 4 semitonos.

Por el conttrario recuerden que la Séptima G7 es *UN TONO* ANTES DE LA OCTAVA.

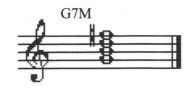

ACORDE DE SEXTA

El acorde de Sexta se forma añadiendo el sexto grado de la escala al acorde Mayor.

Formula; Tonica mas 4 mas 3 mas 2 semitonos.

ACORDES SUSPENDIDOS

Los Acordes Suspendidos se forman añadiendo
la segunda del acorde o bien su cuarta

Bajo →

D Sus2

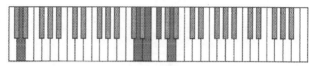

D Sus4

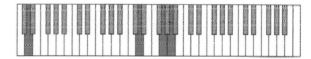

CADENCIAS

Cadencia son los Acordes que Acompañan a una Tonalidad.

La mano derecha normalmente hará la melodía, correspondiendo a la Clave de Sol

La mano izquierda ejecutará el acompañamiento y ritmo, ya sea punteando, arpegios o bajeo.

En cualquier Tonalidad los grados principales serán:

El I como raíz, el V como Dominante y El IV como sub dominante.

Los tonos relativos menores de cada uno de ellos tomaran parte también.

CADENCIA PERFECTA EN TODOS LOS TONOS

ARMADURA	TONALIDAD	RAIZ o TONICA I	DOMINANTE V	SUB DOM. IV
0 Alteraciones de la escala	C	C	G7	F
1 #	G	G	D7	C
2 #	D	D	A7	G
3 #	A	A	E7	D
4 #	E	E	B7	A
5 #	B	B	F#7	E
6 #	F#	F#	C#7	B
1 b	F	F	C7	Bb
2 b	Bb	Bb	F7	Eb
3 b	Eb	Eb	Bb7	Ab
4 b	Ab	Ab	Eb7	Db
5 b	Db	Db	Ab7	Gb
6 b	Gb	Gb	Db7	Cb

ESCALAS en MODOS GRIEGOS

Estos grados en Griego tienen un nombre y son:

I	***JÓNICO***
II	***DÓRICO***
III	***FRIGIO***
IV	***LIDIO***
V	***MIXO LIDIO***
VI	***EÓLICO***
VII	***LOCRIO***

En cualquier escala, las 7 notas de la Escala
se llamarán así <u>conservando</u> claro,
los accidentes de cada una de ellas.

	I	*II*	*III*	*IV*	*V*	*VI*	*VII*
KEY	*Jónico*	*Dórico*	*Frigio*	*Lidio*	*MixoLidio*	*Eólico*	*Locrio*
C	*C*	*D*	*E*	*F*	*G*	*A*	*B*
Db	*Db*	*Eb*	*F*	*Gb*	*Ab*	*Bb*	*C*
Eb	*Eb*	*F*	*G*	*Ab*	*Bb*	*C*	*D*
E	*E*	*F#*	*G#*	*A*	*B*	*C#*	*D#*
F	*F*	*G*	*A*	*Bb*	*C*	*D*	*E*
G b	*Gb*	*Ab*	*Bb*	*Cb*	*Db*	*Eb*	*F*
G	*G*	*A*	*B*	*C*	*D*	*E*	*F#*
Ab	*Ab*	*Bb*	*C*	*Db*	*Eb*	*F*	*G*
A	*A*	*B*	*C#*	*D*	*E*	*F#*	*G#*
Bb	*Bb*	*C*	*D*	*Eb*	*F*	*G*	*A*
B	*B*	*C#*	*D#*	*E*	*F#*	*G#*	*A #*

Así se escribirán
LOS MODOS GRIEGOS De la escala

En este caso es la escala de Do-C
Cada modo se tocara igual que la escala de Do-C

JÓNICO
Tónica de la
escala de Do

DÓRICO
Segundo grado
de La escala de Do

FRIGIO
Su Tercer grado

LIDIO
Su Cuarto grado

MIXO LIDIO
Su Quinto grado

EÓLICO
Su Sexto grado

LOCRIO
Su Séptimo grado

TABLA DE LOS MODOS GRIEGOS

La escala se inicia en cada grado de ella misma
con los mismos accidentes o sea:

En la escala de *C* se iniciará en Do, luego inicia en Re, luego
inici en Mi, en Fa, en Sol, en La y en Si y se tocara toda blanca
pues Do no tienes accidentes.

I	II	III	IV	V	VI	VII	VIII
Jónico	Dórico	Frigio	Lidio	MixoLido	Eólico	Locrio	Jónico
C	D	E	F	G	A	B	C
D	E	F	G	A	B	C	D
E	F	G	A	B	C	D	E
F	G	A	B	C	D	E	F
G	A	B	C	D	E	F	G
A	B	C	D	E	F	G	A
B	C	D	E	F	G	A	B

Ahora con Re será lo mismo pero siempre con Fa y Do #.

I	II	III	IV	V	VI	VII	VIII
Jónico	Dórico	Frigio	Lidio	MixoLido	Eólico	Locrio	Jónico
D	E	F#	G	A	B	C#	D
E	F#	G	A	B	C#	D	E
F#	G	A	B	C#	D	E	F#
G	A	B	C#	D	E	F#	G
A	B	C#	D	E	F#	G	A
B	C#	D	E	F#	G	A	B
C#	D	E	F#	G	A	B	C#

La Escala de E que se tocarán F# G# C# y D# por ser los accidentes propios de esa escala.

I	II	III	IV	V	VI	VII	VIII
Jónico	Dórico	Frigio	Lidio	Mixo Lidio	Eólico	Locrio	Jónico
E	F#	G#	A	B	C#	D#	E
F#	G#	A	B	C#	D#	E	F#
G#	A	B	C#	D#	E	F#	G#
A	B	C#	D#	E	F#	G#	A
B	C#	D#	E	F#	G#	A	B
C#	D#	E	F#	G#	A	B	C#
D#	E	F#	G#	A	B	C#	D#

Y así sucesivamente con cualquier tono.

Fin de la Primera parte.

Felicidades si has leido todo este libro, ahora tendras en tu favor un conocimiento que te servira siempre aunque no seas musico pero si ese es tu deseo realmente, esfuerzate y persevera. Conocer el idioma de la música o dominar un instrumento no requiere más, que la decisión personal de lograrlo y estar conciente que no se hará en poco tiempo.

Dominar algo, caulquier aspecto del desarrollo humano, ya sea físico o deportista, mental o intelectual, artístico o laboral, lleva tiempo, dedicación y empeño. Sin esta trilogía nadie llega ni podrá lograr realmente algo con éxito.

Reflexionemos esto:
Cuando se desea un auto, al conocer el precio se sabe que hay que pagarlo completo para obtener su factura y ser dueño de el para disponer de el plenamente. Bien, aprender algo y dominarlo, tiene un costo que hay que pagarlo completo pues de otro modo nunca será nuestro, no lo podrá controlar y perderá su enganche y mensualidades, en vez deconvertirse en su dueño.

Así pues, si 10 mil horas cuesta dominar algo que valga la pena, e invierte solo 5 mil horas pensando que ya fue mucho... no se desespere y persevere, 'acabe de pagarlo para que sea suyo'. vera que a partir de ahí todo será mas fácil, realmente todo inicio es duro, con dificultades que a veces invitan a claudicar creyendo que uno no sirve para esto, pero la constancia y disciplina madurarán con éxito ese empeño que no quedará en el imbo pues todo esfuerzo siempre tendrá recompensa, es una ley de vida la cual nadie puede evitar.
Esta aclaración es una invitación a disfrutar de algo que lo hará muy feliz y organizará su mente intelecto y espíritu de gran manera abarcando todas las areas del conocimiento, coordinación y aptitudes del ser humano.

Si la cosas buenas fueran fáciles cualquiera la haría ...nada que valga la pena se logra rápido.

Y la miel de la recompensa al esfuerzo es muy dulce y deliciosa.

NOTAS Y APUNTES.